Impressum
Verlag: BABADADA GmbH, Nedderfeld 112 , 22529 Hamburg
Geschäftsführer / Verlagsleitung: Harald Hof
Druck: Books on Demand GmbH, In de Tarpen 42, 22848 Norderstedt

Imprint
Publisher: BABADADA GmbH, Nedderfeld 112 , 22529 Hamburg, Germany
Managing Director / Publishing direction: Harald Hof
Print: Books on Demand GmbH, In de Tarpen 42, 22848 Norderstedt, Germany

de Klassenstuuv
教室

delen
除

186/2

de Tafel
黑板

de Schoolhoff
校园

de Schoolmeester
老师

dat Papeer
纸

schrieven
书写

de Sticken
钢笔

de Schrievdisch
办公桌

dat Lienholt
直尺

dat Book
书

de Schöler
学生

de Ranzel
书包

de Feddermapp
铅笔盒

de Bleesticken
铅笔

de Scharpmaker
卷笔刀

dat Radeergummi
橡皮擦

de Tekenblock
画板

de Teken
图画

de Pinsel
画笔

de Malkassen
颜料盒

de Scheer
剪刀

de Klever
胶水

dat Heft to'n Öven
练习册

de Huusopgaav
家庭作业

de Tall
数字

tohooptellen
加

aftrecken
减

malnehmen
乘

reken
计算

de Bookstaav
字母

dat ABC
字母表

dat Woort
字

de Text

课文

lesen

读

de Kried

粉笔

de Stunn

上课

dat Klassenbook

登记

de Pröven

考试

dat Tüügnis

证书

de Schooluniform

校服

de Utbillen

教育

dat Nakieksel

百科全书

de Universität

大学

dat Mikroskop

显微镜

de Koort

地图

de Papeerkorf

废纸筐

dat Hotel
酒店

de Harbarg
青年旅社

de Wesselstuuv
外币兑换处

de Kuffer
手提箱

dat Auto
汽车

de Spraak
语言

jo / ne
是/否

Jo
好的

Moin
您好

de Översetter
翻译员

Dank ok
谢谢

Wat kost...?

……多少钱？

Ik verstah nich

我不明白

dat Problem

问题

Goden Avend

晚上好！

Moin!

早上好！

Gode Nacht!

晚安！

Tschüüs

再见

de Richt

方向

de Bagaasch

行李

de Tasch

包

de Rüchsack

双肩包

de Gast

客人

de Stuuv

房间

de Slaapsack

睡袋

dat Telt

帐篷

de Touristeninformatschoon

旅游信息

de Strand

海滩

de Kreditkoort

信用卡

de Fröhstück

早餐

dat Meddageten

午餐

dat Avendeten

晚餐

de Fohrkort

票

de Fohrstohl

电梯

de Breefmark

邮票

de Grenz

边界

de Toll

海关

de Bottschop

大使馆

dat Visum

签证

de Pass

护照

de Fleger
飞机

dat Schipp
船

dat Füerwehrauto
消防车

de Autobus
公交车

de Lastwagen
卡车

dat Motoorboot
汽艇

dat Fohrrad
自行车

dat Auto
汽车

de Fähr

摆渡船

dat Boot

小船

dat Motoorrad

摩托车

dat Polizeiauto

警车

dat Rönnauto

赛车

de Lehnwagen

租车

dat Carsharing

拼车

de Afsleepwagen

拖车

dat Müllauto

垃圾车

de Motoor

发动机

de Kraftstoff

汽油

de Tanksteed

加油站

dat Verkehrsschild

交通标志

de Verkehr

交通

de Stau

交通堵塞

de Afstellplatz

停车场

de Bahnhoff

火车站

de Sporen

轨道

de Tog

火车

de Stratenbahn

电车

de Wagon

货车

de Dwarsmöhl

直升机

de Flooghaven

机场

de Tower

塔

de Fohrgast

乘客

de Grootkist

集装箱

de Karton

纸板箱

de Koor

手推车

de Korf

篮子

starten / lannen

起飞/降落

de Stadt
城市

dat Dörp

村庄

de Binnenstadt

市中心

dat Huus

房子

dat Kino
电影院

de Warf
广告

de Stratenlatücht
路灯

CINEMA

de Straat
街道

dat Taxi
出租车

de Kiosk
小吃店

de Footgänger
行人

de Börgerstieg
人行道

de Krüzen
十字路口

de Zebrastriepen
斑马线

de Mülltunn
垃圾箱

de Wessellücht
红绿灯

de Hütt
小屋

de Wahnung
公寓

de Bahnhoff
火车站

dat Raathuus
市政厅

dat Museum
博物馆

de School
学校

de Universität

大学

de Bank

银行

dat Krankenhuus

医院

dat Hotel

酒店

de Afteek

药房

dat Büro

办公室

de Bookhökerie

书店

de Hökerie

商店

de Blomenhökerie

花店

de Supermarkt

超市

de Markt

市场

dat Koophuus

百货商店

de Fischhökerie

鱼店

dat Inkoopszentrum

购物中心

de Haven

海港

de Parkanlaag

公园

de Bank

长凳

de Brüch

桥

de Trepp

楼梯

de Ünnergrundbahn

地铁

de Tunnel

隧道

de Busstoppsteed

公交车站

de Bar

酒吧

dat Spieslokal

餐馆

de Breefkassen

邮筒

dat Stratenschild

路标

de Parkklock

停车计时器

de Deertenpark

动物园

de Baadanstalt

游泳馆

de Moschee

清真寺

de Buernhoff

农场

de Ümweltversmudden

污染

de Karkhoff

墓地

de Kark

教堂

de Speelplatz

操场

de Tempel

寺庙

de Landschop
地形

dat Blatt
树叶

de Wiespahl
指示牌

de Weg
路

de Wisch
草地

de Steen
石头

de Boom
树

de Wannerer
徒步旅行者

de Fluss
河

dat Gras
草

de Bloom
花

dat Daal
峡谷

de Barg
山

de See
湖

dat Holt
森林

de Wööst
沙漠

de Füerspien Barg
火山

dat Slott
城堡

de Regenbagen
彩虹

de Poggenstohl
蘑菇

de Palm
棕榈树

de Steekmück
蚊子

de Fleeg
苍蝇

de Miegeemk
蚂蚁

de Imm
蜜蜂

de Spinn
蜘蛛

de Sebber

甲虫

de Pogg

青蛙

de Katteker

松鼠

de Swienegel

刺猬

de Haas

野兔

de Uul

猫头鹰

de Vagel

鸟

de Swaan

天鹅

dat Wildswien

野猪

de Hirsch

鹿

de Elk

麋鹿

de Staudamm

水坝

dat Windrad

风力发电机

dat Solarmodul

太阳能电池板

dat Klima

气候

de Kellner
服务员

de Spieskoort
菜单

de Stohl
椅子

de Supp
汤

de Pizza
披萨饼

dat Bestick
餐具

de Dischdeek
桌布

de Vörspies

前菜

dat Haupteten

主菜

de Nadisch

甜点

de Drünk

饮料

dat Eten

食物

de Buddel

瓶子

dat Fastfood

快餐

dat Strateneten

街边小吃

de Teekann

茶壶

de Zuckerdoos

糖盒

de Portschoon

一份饭菜

de Espressomaschien

意式咖啡机

de Hoochstohl

高脚椅

de Reken

账单

dat Tablett

托盘

dat Mess

刀

de Gavel

餐叉

de Lepel

勺子

de Teelepel

茶匙

dat Munddook

餐巾

dat Glas

玻璃杯

de Töller

碟子

de Suppentöller

汤盘

de Ünnertass

碟子

de Sooß

酱

de Soltstreuer

盐瓶

de Pepermöhl

胡椒磨

de Etig

醋

dat Ööl

食用油

de Krüder

调味料

de Ketchup

番茄酱

de Mostrich

芥末

de Mayonnaise

蛋黄酱

dat Anbott
特价

de Kunn
顾客

de Melkprodukten
乳制品

dat Aaft
水果

de Inkoopswagen
购物车

de Slachterie
肉铺

de Bäckerie
面包房

wegen
称重

de Gröönsaken
蔬菜

dat Fleesch
肉

de Deepköhlkost
冷冻食品

de Opsnitt

冷盘

de Konserven

罐头食品

de Waschmiddel

洗衣粉

de Snoopkraam

甜食

de Huushooltssaken

日用品

de Reinmaaktüüch

清洁用品

de Verköpersche

销售员

de Kass

收银机

de Kasserer

收银员

de Inkoopslist

购物清单

de Opsparrtieden

开放时间

de Breeftasch

钱包

de Kreditkoort

信用卡

de Tasch

袋子

de Plastiktüüt

塑料袋

dat Water

水

de Saft

果汁

de Melk

牛奶

de Cola

可乐

de Wien

红酒

dat Beer

啤酒

de Spriet

酒

de Kakao

可可

de Tee

茶

de Koffie

咖啡

de Espresso

意式浓缩咖啡

de Cappucino

卡布奇诺

de Banaan

香蕉

de Appel

苹果

de Appelsien

橙子

de Meloon

西瓜

de Zitroon

柠檬

de Wöttel

胡萝卜

de Knuuvlook

大蒜

de Bambus

竹子

de Zibbel

洋葱

de Poggenstohl

蘑菇

de Nööt

坚果

de Nudeln

面条

de Spaghetti

意大利面条

de Ries

米饭

de Salat

沙拉

de Pommes frites

薯条

de Braadkantüffeln

炸土豆

de Pizza

披萨饼

de Hamborger

汉堡包

dat Sandwich

三明治

dat Snitzel

炸猪排

de Schinken

火腿

de Salami

萨拉米

de Wust

香肠

dat Hohn

鸡肉

de Braden

烤肉

de Fisch

鱼

de Haverflocken

燕麦片

dat Müsli

穆兹利

de Cornflakes

玉米片

dat Mehl

面粉

de Croissant

羊角面包

dat Rundstück

面包卷

dat Broot

面包

dat Toast

烤面包

de Keksen

饼干

de Botter

黄油

de Quark

凝乳

de Koken

蛋糕

dat Ei

蛋

dat Spegelei

煎蛋

de Kees

奶酪

de Ies

冰激凌

de Zucker

糖

de Honnig

蜂蜜

de Marmelaad

果酱

de Nougat-Creme

巧克力酱

dat Curry

咖喱饭

dat Buernhuus
农舍

de Strohballen
稻草捆

de Schüün
粮仓

dat Feld
田野

dat Peerd
马

de Hänger
拖车

dat Fahlen
马驹

de Trecker
拖拉机

de Esel
驴

dat Schaap
羊

dat Lamm
羔羊

de Zeeg

山羊

de Koh

奶牛

dat Kalf

牛犊

dat Swien

猪

dat Farken

小猪

de Bull

公牛

de Goos

鹅

de Aant

鸭

dat Küken

小鸡

dat Hohn

母鸡

de Hahn

公鸡

de Rott

鼠

de Katt

猫

de Muus

老鼠

de Oss

牛

de Hund

狗

de Hunnenhütt

狗屋

de Goornslauch

花园浇水软管

de Geetkann

洒水壶

de Lee

长柄大镰刀

de Ploog

犁

de Sich

镰刀

de Hack

锄头

de Mestfork

长柄草耙

de Ext

斧头

de Schuufkoor

独轮手推车

de Trog

饲料槽

de Melkkann

牛奶罐

de Sack

麻布袋

de Tuun

栅栏

de Stall

马厩

dat Drievhuus

温室

de Bodden

土壤

de Saat

种子

de Dünger

肥料

de Meihdöscher

联合收割机

oornen

收割

de Oorn

收割

de Yamswöttel

山药

de Weten

小麦

dat Soja

大豆

de Kantüffel

土豆

de Törksche Weten

玉米

de Rapp

油菜籽

de Aaftboom

果树

de Troopsch Kantüffel

树薯

dat Koorn

谷物

de Schosteen
烟囱

dat Dack
屋顶

de Regenrönn
落水管

dat Finster
窗户

de Garaasch
车库

de Döörklock
门铃

de Döör
门

de Müllemmer
垃圾桶

de Breefkassen
信箱

de Goorn
花园

de Wahnstuuv

客厅

de Baadstuuv

浴室

de Köök

厨房

de Slaapstuuv

卧室

de Kinnerstuuv

儿童房

de Eetstuuv

餐厅

de Footbodden

地板

de Wand

墙壁

de Deek

吊顶

de Keller

地窖

dat Hittluftbad

桑拿

de Balkon

阳台

de Terrass

露台

dat Swümmbad

游泳池

de Rasenmeiher

割草机

de Bettbetog

被单

de Bettdeek

床罩

de Puuch

床

de Bessen

扫帚

de Emmer

水桶

de Schalter

开关

de Tapeet
壁纸

dat Bild
照片

de Lamp
台灯

dat Regal
搁架

dat Schapp
橱柜

de Kiekkassen
电视机

de Kamin
壁炉

de Bloom
花

dat Küssen
垫子

dat Sofa
沙发

de Vaas
花瓶

de Feernbedenen
遥控器

de Teppich

地毯

de Vörhang

窗帘

de Disch

餐桌

de Stohl

椅子

de Schuckelstohl

摇椅

de Sessel

扶手椅

dat Book

书

de Deek

毯子

de Dekoratschoon

装饰品

dat Füerholt

木柴

de Film

电影

de Stereoanlaag

高保真音响

de Slötel

钥匙

dat Narichtenblatt

报纸

dat Gemälde

油画

dat Poster

海报

dat Radio

收音机

de Opschrievblock

笔记本

de Huulbessen

吸尘器

de Kaktus

仙人掌

de Kars

蜡烛

de Mikrowell
微波炉

dat Köhlschapp
冰箱

de Kökenwaag
厨房秤

de Toaster
烤面包机

dat Reinmaakmiddel
洗洁精

de Backaven
烤箱

dat Gefreerfack
冰柜

de Müllemmer
垃圾桶

de Opwaschmaschien
洗碗机

de Heerd
炊具

de Pott
锅

de Gussiesern Putt
铸铁锅

de Wok / Kadai
炒锅

de Pann
平底锅

de Waterkaker
水壶

de Dampkaakputt

蒸锅

dat Backblick

烤盘

dat Geschirr

陶瓷锅

de Beker

马克杯

de Schaal

碗

de Eetsticken

筷子

de Suppenkell

长柄勺

de Pannenwenner

铲子

de Sneebessen

搅拌器

dat Kaakseef

滤网

dat Seef

筛子

de Riev

磨碎机

de Mörser

研钵

de Grill

烧烤

de Füerstell

明火

dat Sniedbrett

菜板

dat Nudelholt

擀面杖

de Proppentrecker

开瓶器

de Doos

罐子

de Dosenaapner

开罐器

de Pottlappen

隔热手套

dat Waschbecken

水槽

de Böst

刷子

de Swamm

海绵

de Mixer

搅拌机

dat Iesschapp

冷藏箱

de Nuckelbuddel

奶瓶

de Waterhahn

水龙头

de Bruus
淋浴

de Heizung
供暖设备

dat Handdook
毛巾

de Bruusvörhang
浴帘

dat Schuumbad
泡沫浴

de Baadwann
浴缸

dat Glas
玻璃杯

de Waschmaschien
洗衣机

de Waterhahn
水龙头

de Fliesen
瓷砖

de lütte Putt
便壶

dat Waschbecken
水槽

de Tante Meier

厕所

de Hockklo

蹲便器

dat Bidet

坐浴器

dat Miegbecken

小便池

dat Klopapeer

厕纸

de Kloböst

马桶刷

de Tähnböst

牙刷

de Tähnpast

牙膏

de Tähnsied

牙线

waschen

洗

de Handbruus

手持式喷淋头

de Intimbruus

冲洗器

de Waschschöttel

洗脸盆

de Rüchböst

擦背刷

de Seep

肥皂

dat Bruusgeel

沐浴露

dat Hoorwaschmiddel

洗发水

de Waschlappen

法兰绒

de Afloop

排水

de Creme

乳霜

dat Deodorant

除臭剂

de Spegel

镜子

de Kosmetikspegel

手镜

de Raserer

剃须刀

de Raseerschuum

剃须泡沫

dat Raseerwater

须后水

de Kamm

梳子

de Böst

刷子

de Hoordröger

吹风机

dat Hoorspray

喷发定型剂

de Smink

化妆品

de Lippensticken

唇膏

de Nagellack

指甲油

de Watt

化妆棉

de Nagelscheer

指甲剪

dat Rüükwater

香水

de Kulturbüdel

洗漱包

de Schemel

凳子

de Waag

计重秤

de Baadmantel

浴袍

de Gummihanschen

橡胶手套

de Tampon

卫生棉条

de Damenbinn

卫生巾

dat Chemieklo

化学厕所

de Wecker
闹钟

dat Knudeldeert
毛绒玩具

dat Speeltüüchauto
玩具车

de Klöter
拨浪鼓

dat Poppenhuus
玩具屋

dat Geschenk
礼物

de Luftballon

气球

de Puuch

床

de Kinnerwagen

（洋娃娃用）婴儿车

dat Koortenspeel

扑克牌

dat Puzzle

拼图

de Billergeschicht

漫画

de Legostenen

乐高积木

de Bustenen

积木玩具

de Action-Figur

玩具人

de Strampelantog

婴儿服

de Frisbeeschiev

飞盘

dat Mobile

床铃玩具

dat Brettspeel

棋盘游戏

de Wörpel

骰子

de Modelliesenbahn

火车模型

de Snuller

安抚奶嘴

de Party

聚会

dat Billerbook

绘本

de Ball

球

de Popp

洋娃娃

spelen

玩

de Sandkassen

沙坑

de Schuckel

秋千

dat Speeltüüch

玩具

de Speelkonsool

游戏机

dat Dreerad

三轮车

de Teddyboor

泰迪熊

dat Klederschapp

衣柜

dat Tüüch

衣服

de Socken

袜子

de Strümp

长袜

de Strumpbüx

紧身裤

dat Halsdook
围巾

de Paraplü
雨伞

dat T-Shirt
T恤

de Liefreem
皮带

de Stevel
靴子

de Puuschen
拖鞋

de Turnschoh
运动鞋

de Sandalen

凉鞋

de Schoh

鞋

de Gummistevel

雨靴

de Ünnerbüx

内裤

de Bostholler

胸罩

dat Ünnerhemd

背心

de Lief

身体

de Büx

裤子

de Jeansnüx

牛仔裤

de Rock

短裙

de Bluus

女式衬衫

dat Hemd

衬衫

de Pullover

套头衫

de Kapuzenpullover

卫衣

de Blazer

西装夹克

de Jack

夹克

de Mantel

外套

de Övertrecker

雨衣

dat Kostüm

套装

dat Kleed

连衣裙

dat Hochtietskleed

婚纱

de Antog

西装

dat Nachtkleed

睡袍

de Slaapantog

睡衣

de Sari

莎丽

dat Koppdook

头巾

de Turban

包头巾

de Burka

波卡

de Kaftan

卡夫坦

de Abaya

(阿拉伯式)长袍长袍

de Baadantog

泳衣

de Baadbüx

男式泳裤

de Korte Büx

短裤

de Antog to'n Öven

运动服

de Schört

围裙

de Handschoh

手套

de Knopp

纽扣

de Brill

眼镜

dat Armband

手链

de Halskeed

项链

de Ring

戒指

de Ohrbummel

耳环

de Mütz

便帽

de Klederbögel

衣架

de Hoot

帽子

de Binner

领带

de Rietslüter

拉链

de Helm

头盔

dat Drachtband

背带

de Schooluniform

校服

de Uniform

制服

de Severböten

围兜

de Snuller

安抚奶嘴

de Winnel

尿不湿

dat Büro
办公室

de Server
服务器

dat Aktenschapp
文件柜

de Drucker
打印机

de Bildschirm
显示屏

dat Papeer
纸

de Muus
鼠标

de Schrievdisch
办公桌

de Orner
文件夹

dat Knoopboord
键盘

de Papeerkorf
废纸筐

de Computer
电脑

de Stohl
椅子

de Koffiebeker

咖啡杯

de Taschenreekner

计算器

dat Internet

因特网

de Klappreekner

笔记本电脑

de Breef

信件

de Naricht

消息

de Ackersnacker

手机

dat Nettwark

网络

de Kopeerapparat

复印机

de Software

软件

de Klöönkassen

电话

de Steekdoos

插座

de Faxapparat

传真机

dat Formulor

表格

dat Dokument

文件

köpen

买

betahlen

付钱

hanneln

交易

dat Geld

现金

de Dollar

美元

de Euro

欧元

de Yen

日元

de Ruvel

卢布

de Swiezer Franken

瑞士法郎

de Renminbi Yuan

人民币

de Rupie

卢比

de Geldautomat

提款处

de Wesselstuuv

外币兑换处

dat Gold

金

dat Sülver

银

dat Ööl

石油

de Energie

能源

de Pries

价格

de Verdrag

合同

de Stüer

税金

de Andeelschien

股票

arbeiden

工作

de Anstellte

职员

de Arbeitgever

老板

de Fabrik

工厂

de Hökerie

商店

de Wachtmeester
警官

de Füerwehrmann
消防员

de Kock
厨师

de Dokter
医生

de Fleger
飞行员

de Goorner
园丁

de Discher
木匠

de Neihersche
裁缝

de Richter
法官

de Chemiker
化学家

de Schauspeler
演员

de Busfohrer

公交车司机

de Taxifohrer

出租车司机

de Fischer

渔夫

de Reinmaakfru

清洁女工

de Dackdecker

屋顶工

de Kellner

服务员

de Jäger

猎人

de Maler

画家

de Bäcker

面包师

de Elektriker

电工

de Buarbeider

建筑工人

de Ingenieur

工程师

de Slachter

屠夫

de Klempner

水管工

de Postbüdel

邮递员

de Suldat

士兵

de Architekt

建筑师

de Kasserer

收银员

de Florist

花农

de Putzbüdel

理发师

de Schaffner

售票员

de Mechaniker

机械师

de Kaptein

船长

de Tähndokter

牙医

de Wetenschopler

科学家

de Rabbi

拉比

de Imam

伊玛目

de Mönk

和尚

de Paap

牧师

de Hamer
铁锤

de Tang
钳子

de Schruvendreiher
螺丝刀

de Schruvenslötel
扳手

de Taschenlamp
手电筒

de Grieper

挖掘机

de Warktüüchkassen

工具箱

de Ledder

梯子

de Saag

锯子

de Nagels

钉子

de Bohrer

钻机

heelmaken
修

de Schüffel
铲子

Schiet!
靠！

dat Kehrblick
簸箕

de Farvpott
油漆桶

de Schruven
螺丝

de Musikinstrumenten
乐器

dat Slagtüüch
打击乐器

de Luutsnacker
扬声器

de Rietfiedel
吉他

de Bass-Vigelien
低音提琴

de Trumpeet
小号

dat Klaveer

钢琴

de Vigelien

小提琴

de Bass

贝斯

de Pauk

定音鼓

de Trummeln

鼓

dat Keyboard

电子琴

dat Saxophon

萨克斯管

de Fleut

长笛

dat Mikrofoon

麦克风

de Ingang
入口

de Tiger
老虎

de Käfig
笼子

dat Zebra
斑马

dat Deertenfoder
动物饲料

de Panda-Boor
熊猫

de Deerten

动物

de Elefant

大象

dat Känguru

袋鼠

dat Neeshoorn

犀牛

de Gorilla

大猩猩

de Boor

熊

dat Kameel

骆驼

de Struuß

鸵鸟

de Lööv

狮子

de Aap

猴子

de Flamingo

火烈鸟

de Papagoi

鹦鹉

de Iesboor

北极熊

de Pinguin

企鹅

de Haifisch

鲨鱼

de Pageluun

孔雀

de Slang

蛇

dat Krokodil

鳄鱼

de Oppasser in'n
Deertenpark
动物园管理员

de Saalhund

海豹

de Jaguor

美洲豹

dat Pony

矮种马

de Leopard

豹

dat Nilpeerd

河马

de Giraff

长颈鹿

de Aadler

老鹰

dat Wildswien

野猪

de Fisch

鱼

de Schildkrööt

龟

dat Walross

海象

de Voss

狐狸

de Gazell

羚羊

de Sport
体育

de Amerikaansch Football
橄榄球

dat Radfohren
骑自行车

dat Tennis
网球

de Korfball
篮球

dat Swümmen
游泳

dat Ieshockey
冰球

dat Boxen
拳击

de Football
英式足球

dat Fedderball
羽毛球

de Leichtathletik
田径

de Handball
手球

dat Skilopen
滑雪

dat Polo
马球

springen
跳

ümarmen
拥抱

lachen
笑

gahn
走路

singen
唱

drömen
做梦

beden
祈祷

snuteln
亲吻

schrieven
书写

teken
画

wiesen
展示

drücken
推

geven
给

nehmen
拿

hebben

有

doon

做

sien

当

stahn

站

lopen

跑

trecken

拉

smieten

扔

fallen

摔倒

liggen

躺

töven

等待

dregen

携带

sitten

坐

antrecken

穿衣

slapen

睡觉

opwaken

醒来

ankieken

看

wenen

哭

eien

抚摸

kämmen

梳头

snacken

交谈

verstahn

明白

fragen

问

hören

听

drinken

喝

eten

吃

oprümen

清理

leefhebben

爱

kaken

做饭

fohren

开车

flegen

飞

de Aktivitäten - 活动

segeln

航行

reken

计算

lesen

读

lehren

学习

arbeiden

工作

de Plünnen tohoopsmieten

结婚

neihen

缝

Tähnen putzen

刷牙

dootmaken

杀

smöken

抽烟

schicken

寄

e Grootmoder
祖母

de Grootvadder
祖父

de Vadder
父亲

de Moder
母亲

at Winnelkind
童

de Dochter
女儿

de Söhn
儿子

de Gast

客人

de Tant

阿姨

de Unkel

叔叔

de Broder

兄弟

de Süster

姐妹

de Vörkopp
前额

dat Oog
眼睛

de Schuller
肩膀

de Finger
手指

dat Gesicht
脸

dat Kinn
下巴

de Hand
手

de Bost
乳房

dat Been
腿

de Arm
手臂

dat Winnelkind

婴童

de Mann

男人

de Fro

女人

de Deern

女孩

de Jung

男孩

de Arm

头

de Rüch
背部

de Buuk
肚子

de Navel
肚脐

de Teh
脚趾

de Hack
脚后跟

de Knaken
骨头

de Hüft
臀部

dat Knee
膝盖

de Ellbagen
手肘

de Nees
鼻子

de Achtersen
屁股

de Huut
皮肤

de Back
脸颊

dat Ohr
耳朵

de Lipp
嘴唇

de Mund

嘴

de Tähn

牙齿

de Tung

舌头

de Bregen

脑

dat Hart

心脏

de Muskel

肌肉

de Lung

肺

de Lever

肝脏

de Maag

胃

de Neren

肾脏

de Bislaap

性交

dat Kondoom

避孕套

de Eizell

卵子

dat Sperma

精子

de Anner Ümstänn

怀孕

de Menstruatschoon

月经

de Scheed

阴道

de Pint

阴茎

de Ogenbroe

眉毛

dat Hoor

头发

de Hals

脖子

dat Krankenhuus
医院

de Krankenwagen
救护车

de Rullstohl
轮椅

de Bruch
骨折

de Dokter

医生

de Nootopnahm

急诊室

de Krankensüster

护士

de Nootfall

紧急情况

ahnmächtig

昏迷

de Wehdaag

痛

de Verwunnen

受伤

de Blöden

出血

de Hartinfarkt

心脏病发作

de Slaganfall

中风

de Allergie

过敏

de Hoosten

咳嗽

dat Fever

发烧

de Gripp

流感

de Dörchfall

腹泻

de Koppwehdaag

头痛

de Kreeft

癌症

de Zuckersüük

糖尿病

de Chirurg

外科医生

dat Chirurgsch Mess

手术刀

de Operatschoon

手术

dat Krankenhuus - 医院

73

dat CT

CT

de Dörchlüchten

X光

de Ultraschall

超声波

de Mask

口罩

de Krankheit

疾病

de Töövruum

候诊室

de Krück

拐杖

dat Plaaster

石膏

de Verband

绷带

de Insprütten

注射

dat Stethoskop

听诊器

de Draag

担架

dat Feverthermometer

体温计

de Geboort

出生

dat Övergewicht

超重

de Höörapparat

助听器

dat Kiemfriemiddel

消毒液

de Ansteken

感染

de Virus

病毒

dat HIV / AIDS

艾滋病

dat Heelmiddel

药物

de Impen

接种疫苗

de Tabletten

药片

de Pill

药丸

de Nootroop

急救电话

de Blootdruck-Meter

血压计

krank / gesund

生病/健康

Hölp!

救命！

de Alarm

警报

de Överfall

突击

de Angreep

攻击

de Gefohr

危险

de Nootutgang

紧急出口

dat Füer!

着火啦！

de Füerlöscher

灭火器

de Unfall

意外

de Noothölpkoffer

急救箱

SOS

呼救信号

de Polizei

警察

Europa

欧洲

Noordamerika

北美洲

Süüdamerika

南美洲

Afrika

非洲

Asien

亚洲

Australien

澳洲

de Atlantik

大西洋

de Pazifik

太平洋

dat Indisch Weltmeer

印度洋

dat Antarktisch Weltmeer

南冰洋

dat Arktisch Weltmeer

北冰洋

de Noordpol

北极

de Süüdpol
....
南极

de Antarktis
....
南极洲

de Eerd
....
地球

dat Land
....
陆地

de See
....
海

dat Eiland
....
岛

de Natschoon
....
国家

de Staat
....
国家

dat Tallenblatt

钟面

de Stunnenwieser

时针

de Minutenwieser

分针

de Sekunnenwieser

秒针

Wo laat is dat?

现在几点？

de Dag

天

de Tiet

时间

nu

现在

de digetaalsch Klock

电子表

de Minuut

分

de Stunn

时

de Maandag
周一

de Middeweek
周三

de Friedag
周五

de Dingsdag
周二

de Sünnavend
周六

de Dunnersdag
周四

de Sünndag
周日

güstern

昨天

hüüt

今天

morgen

明天

de Morgen

早晨

de Meddag

中午

de Avend

晚上

de Arbeitsdaag

工作日

dat Wekenenn

周末

de Regen
雨

de Regenbagen
彩虹

de Wind
风

de Snee
雪

dat Fröhjohr
春

de Harvst
秋

de Sommer
夏

de Winter
冬

de Wedervörhersaag

天气预报

dat Thermometer

温度计

de Sünnenschien

阳光

de Wulk

云

de Nevel

雾

de Luftfuchtigkeit

潮湿

de Blitz
....
闪电

de Dunner
....
打雷

de Storm
....
风暴

de Hagel
....
冰雹

de Monsun
....
季风

de Floot
....
洪水

dat Ies
....
冰

de Januormaand
....
一月

de Februormaand
....
二月

de Martmaand
....
三月

de Aprilmaand
....
四月

de Maimaand
....
五月

de Junimaand
....
六月

de Julimaand
....
七月

de Augustmaand
....
八月

de Septembermaand

九月

de Oktobermaand

十月

de Novembermaand

十一月

de Dezembermaand

十二月

de Formen

形状

de Krink

圆形

dat Quadrat

正方形

dat Rechteck

长方形

dat Dreeeck

三角形

de Kugel

球体

de Wörpel

立方体

witt

白

geel

黄

orangsch

橙

pink

粉

root

红

lila

紫

blau

蓝

gröön

绿

bruun

棕

gries

灰

swart

黑

veel / wenig

很多/少许

böös / verdreeglich

生气/平静

smuck / mies

美/丑

de Begünn / dat Enn

首/尾

groot / lütt

大/小

hell / düüster

明/暗

de Broder / de Süster

兄弟/姐妹

schier / schietig

干净/肮脏

kumpleet / nich kumpleet

完整/缺失

de Dag / de Nacht

白天/晚上

doot / lebennig

死/生

breet / small

宽/窄

geneetbor / nich geneetbor

可食用/非食用

böös / fründlich

邪恶/善良

fickerig / langwielt

兴奋/无聊

dick / dünn

胖/瘦

toeerst / toletzt

第一/最后

de Fründ / de Fiend

朋友/敌人

vull / leddig

满/空

hart / week

硬/软

swoor / licht

重/轻

de Smacht / de Döst

饿/渴

krank / gesund

生病/健康

nich na't Recht / na't Recht

非法/合法

klook / dummerhaftig

聪明/愚笨

linkerhand / rechterhand

左/右

neeg / feern

近/远

nieg / bruukt

新/旧

nix / wat

没有/有些

oolt / jung

老/幼

an / ut

开/关

apen / slaten

打开/合上

lies / luut

安静/吵闹

riek / arm

富/穷

richtig / verkehrt

对/错

ruug / glatt

粗糙/光滑

trurig / glücklich

伤心/高兴

kort / lang

短/长

suutje / flink

慢/快

natt / dröög

湿/干

warm / köhl

温暖/凉爽

de Krieg / de Freden

战争/和平

0
null
零

1
een
一

2
twee
二

3
dree
三

4
veer
四

5
fief
五

6
söss
六

7
söven
七

8
acht
八

9
negen
九

10
teihn
十

11
ölven
十一

12
twölf
十二

13
dörteihn
十三

14
veerteihn
十四

15
föffteihn
十五

16
sössteihn
十六

17
söventeihn
十七

18
achtteihn
十八

19
negenteihn
十九

20
twintig
二十

100
hunnert
百

1.000
dusend
千

1.000.000
million
百万

dat Engelsch

英语

dat Amerikaansch Engelsch

美式英语

dat Chineesch Mandarin

普通话

dat Hindi

印地语

dat Spaansch

西班牙语

dat Franzöösch

法语

dat Araabsch

阿拉伯语

dat Rusch

俄语

dat Portugiesch

葡萄牙语

dat Bengaalsch

孟加拉语

dat Düütsch

德语

dat Japaansch

日语

ik

我

du

你

he / se / dat

他/她/它

wi

我们

ji

你们

se

他们

keen?

谁？

wat?

什么？

woans?

怎样？

woneem?

哪里？

wannehr?

什么时候？

de Naam

名字

achter

后面

in

里面

vör

前面

över

上方

op

上面

ünner

下面

blangen

旁边

twüschen

中间

de Oort

地点